つぎは、おかずもつくってみよう

ひとりでできるかな？ はじめての家事 ②

家庭科教育研究者連盟 編　　大橋慶子 絵　　　　　　　　　　大月書店

おもなもくじ

ゆでたまごと目玉焼き …… 04

- かんたんゆでたまご
- ゆでたまごでサラダ
- ゆでたまごでサンドイッチ
- 味つけたまごをつくる
- 目玉焼き
▶ゆでたまごのコツ　▶たまごはエライ！
▶たまごアレルギーってなあに？

オムレツをつくろう …… 06

- プレーンオムレツ
- 厚やきたまごに挑戦

じゃがいもの料理 …… 08

- じゃがいもは「水」からゆでる
- ポテトサラダ
- こふきいも
▶じゃがいもの芽はしっかり取りのぞこう！
▶じゃがいもって、いろんな種類があるんだなぁ

電子レンジのじょうずな使い方 …… 10

- 電子レンジで使える容器
- 電子レンジで使えない容器
- 食品の置き方
▶電子レンジのしくみ　▶電子レンジでできる料理

やさいをゆでる・むす …… 12

- ほうれん草のおひたし
- フライパンでむしやさい
▶やさいはどこを食べてるの？

生やさいでサラダとつけもの …… 14

- トマトとレタスのサラダ
- ビニール袋できゅうりのつけもの
▶サラダのコツ　▶つけもののひみつ

シャキ、シャキ！やさいいため …… 16

▶いためる調理のいいところ
▶やさいが体にいいわけ

冷蔵庫のじょうずな使い方 …… 18

- どこになにをいれる？
- じょうずな使い方
- 冷凍のコツ　● 解凍のコツ
▶どうして冷やして保存するの？　▶冷蔵庫はなぜ冷えるの？

こねこねハンバーグ …… 20

- ハンバーグソースと野菜のつけあわせ
▶肉料理に野菜をつけるわけ
▶お肉をあつかうときには、注意しよう。

みんなだいすきとり肉のからあげ …… 22

- とり肉の部位
- あげないチキンカツ
▶あげものをするときの注意
▶とり肉は健康食
▶とり肉のあつかいに注意

みんなだいすき
カレーとしょうがやき …… ㉔

- カレーライス
- ぶた肉のしょうがやき
▶ ぶた肉の部位

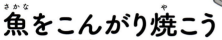

魚をこんがり焼こう …… ㉖

- サンマの塩焼き
- サケのムニエル
▶ もりつけ方
▶ フライパンでも焼ける
▶ 魚のじょうずな食べ方

イワシの料理 …… ㉘

- イワシを手でひらく
- イワシのつみれ汁
▶ 青魚パワーで元気いっぱい

おべんとうをつくろう …… ㉚

▶ おべんとうの話

災害のときに
やくだつ料理 …… ㉜

- ポリ袋を使ってたきこみごはん
- かんづめを使ってサバのみそ煮
- 火を使わずにできるガスパチョ
▶ 災害備蓄食料で料理を

エコなクッキング …… ㉞

- 大根の葉のふりかけ
- ガスの火かげんで省エネ
- 省エネで肉じゃが
▶ 地球にやさしい食材の選び方

安全で新鮮な
食品をえらぼう …… ㊱

- 野菜やくだもののえらび方
- 魚のえらび方
- 肉のえらび方
- 加工食品のえらび方
▶ 賞味期限と消費期限
▶ 食品てん加物とは
▶ とくにさけたい食品てん加物

環境にやさしい
あとかたづけ …… ㊳

- 食べた食器のはこび方
- 食器を洗う前に
- 食器・なべ・フライパンを洗う
- 汚れがひどいものは、
  台所用石けんをつけて洗う
- すすぐ
- かたづける
- ゴミのしまつ
▶ アクリルタワシのかんたんなつくり方
▶ 合成洗剤でなく石けんを使おう
▶ どこを見ればわかるの？

ゆでたまごと目玉焼き

材料
たまご4個

かんたんゆでたまご

1. なべ（またはフライパン）に1cmくらいの水とたまごを入れ、中火にかける。
2. ポコポコふっとうしたら、中火で8分。（半熟にしたいときは、ここから④へ）
3. 火を止めて、3分おく。
4. 水を入れて、さます。

フタをしてね。

このとき、なべをふって、たまごをぶつけ合わせると、ひびが入ってむきやすい。

ふってから水でひやす。

ゆでたまごのコツ

1. 買ってから1週間くらいのたまごを使う。

新しいたまごの白身には炭酸ガスがたくさん入っていて、熱を加えると膨張し、たまごのまくがカラにはりついて、むきにくくなる。

2. 丸い方を軽くぶつけて、ちいさくひびを入れてからゆでるとむきやすい。

コン！

ゆでたまごでサラダ

1. ゆでたまごを輪切りにする。

糸で切るとうまくいく。

2. やさいといっしょにもりつける。

ゆでたまごでサンドイッチ

1. ゆでたまごをフォークでつぶし、マヨネーズとはちみつをまぜる。
2. パンにバターをうすくぬる。
3. ①をはさむ。

①の1/4の量をはさむ。

材料（4人分）
食パン（8枚切りを8枚）
ゆでたまご … 4個
マヨネーズ … 大さじ3
はちみつ …… 小さじ1
バター ……… 適量

味つけたまごをつくる

材料
- ゆでたまご … 6個
- しょうゆ …… 大さじ4
- みりん ……… 大さじ4
- さとう ……… 小さじ2

1. ジッパーつきのビニール袋に、ゆでたまごと調味料を入れ、なるべく空気をぬいて、半日〜1日冷蔵庫に入れておく。

2. ときどき、ゆでたまごを動かして、よくつかるようにする。

5日以内に食べきる。
お弁当にもごはんのおかずにも！
カラをむいたゆでたまご

目玉やき

材料（1人分）
- たまご ……… 1個
- 水 ……… 大さじ1
- 油 ……… 小さじ1

1. たまごを、ボウルの底の方でそっとわる。

   高い所から落とすと、黄身がつぶれたり平たくなってしまう。

2. フライパンを熱し、油を入れて広げる。

油 小1
中火

3. 弱火にして、たまごを、ふちからそっと入れる。

弱火

4. 白身が固まりはじめたら、水大さじ1をまわりに流し入れ、ふたをして2〜3分やく。

水 大1
弱火

ベーコン
下にベーコンをしいてやけば、ベーコンエッグ。

たまごはエライ！

たまごには、栄養素、とくにたんぱく質がたくさんふくまれています。ねだんも安定していて、いろいろな料理に使われます。たまごの賞味期限は、「安心して生で食べられる」期限を表示しています。

たまごアレルギーってなあに？

からだのなかに入って病気をひきおこす病原体からからだを守るしくみを、免疫反応といいます。逆に、病原体以外の花粉や食べ物のたんぱく質などに必要以上に反応し、かえって、体に害を与えてしまうこともあり、これをアレルギー反応といいます。
たまごは、いろいろな加工食品や料理に使われ、からだにたくさん入ってくるため、アレルギーの原因になりやすいのです。ほかの食品もアレルギーの原因になることがあります（食物アレルギー）。命にかかわる急激な反応（アナフィラキシーショック）には、注意が必要です。

オムレツをつくろう

プレーンオムレツ

材料（1人分）

- たまご……… 2個
- 牛乳………… 大さじ1
- 塩…………… ひとつまみ
- こしょう …… ひとふり
- 油…………… 大さじ1
- バター ……… 大さじ1

1 材料を、さいばしでよくまぜ合わせる。

白身は切るようにまぜる。

2 フライパンを強火にかけ、油を入れて全体に広げる。

3 うすく煙が出たら、火をとめてよぶんな油を小皿にあける。

こうすることでフライパンに油をしっかりなじませることができる

4 中火にして、バターを入れる。バターが半分とけたら、①のたまごを流し入れる。

5 フライパンを前後に動かしながら、さいばしで、ぐるぐる大きくかきまぜる。

全体がゆるめの半じゅくになるまで。

6 底が固まってきたら、弱火にし、フライ返しで三つ折りにして完成。

7 フライパンから皿へ、すべるようにのせる。

ケチャップをかけてもいいよ！

厚やきたまごに挑戦

材料（2人分）
- たまご ……… 2個
- 油 …………… 小さじ2
- さとう ……… 小さじ1と1/2
- しょうゆ …… 小さじ1と1/2

1 たまごを軽くといてから、調味料を入れる。

さとうがとけるように、よくまぜる。

2 たまご焼き器を弱火にかけて、油を入れてなじませる。

フライパンでもできるよ！

3 キッチンペーパーをたたみ、よぶんな油をふき取る。

キッチンペーパーは小さくたたむ。あとで油をひくのに使うので、すてない。

4 中火にしてたまご液を1/3ずつ入れる。

ジュッと音がする。

5 半熟になったら、奥から手前にまく。

6 まいたたまごを奥によせて、手前に油をひく。

油をひく。③のキッチンペーパー

7 たまご液の1/3量を流し入れる。

8 奥のたまご焼きをさいばしで持ち上げ、たまご焼きの下にもたまご液を入れる。

9 ⑤〜⑧をくり返し、最後にまいてまとめる。

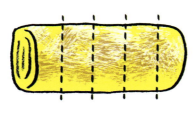

10 切り分けて、完成。

じゃがいもの料理

材料（4人分）
じゃがいも
中4個

じゃがいもは「水」からゆでる

1. よく洗ったじゃがいも4個をなべの底にならべ、水をじゃがいもの上まで入れて、中火にかける。

2. ふっとうしたら、ふっとうが止まらない程度に火を弱める。

3. 20分くらいしたら竹ぐしをさしてみる。すっとさされば、OK。固かったらもう少しゆでる。

中までじっくり火を通すため

皮ごとゆでると、うまみがにげない。

弱火でじっくり加熱すると、甘味が増す。

湯がすくなくなったら水をすこしたす

ポテトサラダ

材料（4人分）

ゆでたじゃがいも …中4個	マヨネーズ………大さじ4
玉ねぎ……………1/4個	塩………………小さじ1/2
にんじん…………1/2本	こしょう…………2ふり
きゅうり……………1本	酢………………小さじ1
ハム………………4枚	

サンドイッチにはさんでもいい！

1. 材料の下ごしらえをする。
   1巻26ページ参照。

2. あつあつのゆでたじゃがいもの皮をむく。
   あついので、フォークでさしてむくとよい。

3. じゃがいも、玉ねぎ、塩、こしょう、酢をボウルに入れ、じゃがいもがあついうちにつぶしてまぜる。

4. ③がさめたら、①のきゅうり、にんじん、ハムを入れ、マヨネーズを加えて軽くまぜる。

こふきいも

材料（4人分）
じゃがいも … 中4個　　塩 …… 小さじ1/2　　こしょう …… 少々

1. じゃがいもをよく洗う。

2. 皮をむく。

3. 8等分に切る。

半分　切った面を下にする。

4. 1分ぐらい水につける。

水　1分

5. 水をきったじゃがいもをなべに入れる。

6. かぶるくらいの水を入れて、火にかける。

水　中火

7. 竹ぐしをさして、やわらかくなっていたら、火を止める。

竹ぐし

8. 湯をすてる。

9. 弱火にかけて、なべをゆする。

弱火

10. 水分がとんだら、塩、こしょうをして、もう一度ゆする。

塩小1/2　こしょう少々　弱火

あっ、じゃがいものまわりに粉がふいてきたね。

じゃがいものデンプンがでてきたんだよ。

- こふきいもは、肉や魚料理のつけ合わせにもなる。
- 青のりやパセリのみじん切りを加えると、香りと色どりがよい。

じゃがいもの芽はしっかり取りのぞこう！

芽（へこんだところ）には、ソラニンという物質がふくまれていて、毒性があります。緑色になった皮にもソラニンがふくまれているので厚くむきます。じゃがいもは、光の当たらない所におきましょう。

じゃがいもは、500種類もある。

日本で作っているじゃがいもは、約100種類。世界には、500種類もじゃがいもがあるんだよ。

- まるいだんしゃくいもは、ゆでるとつぶれやすいのでコロッケやサラダに向いています。
- 細長いメークインは、ゆでても形がくずれにくいので煮物やカレーに向いています。

電子レンジのじょうずな使い方

電子レンジのしくみ

- 1945年、アメリカのレーダー技師によって発明された。家庭で広く使われるようになったのは、50年くらい前から。

- 「マイクロ波オーブン」といって、食品にふくまれる水の分子をマイクロ波で振動させて、熱を発生させるしくみ。

- おしくらまんじゅうをしていると、体がだんだんあつくなってくるよね。そんな感じだよ。

- 材料に水分がふくまれていないとあつくならないので、水分の少ない肉まん、さつまいもなどは、水でぬらして、ラップをかけて加熱するなどの工夫が必要です。

電子レンジで使える容器

- 磁器、陶器
  せともの

ただし、金や銀のもようがある容器は使えません。

- 耐熱ガラス
  ガラス

- 耐熱温度140℃以上のラップ

- 耐熱温度140℃以上のプラスチックの器
  プラスチック

- シリコンスチーマー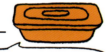

電子レンジで使えるものか容器の表示をよく見よう！

電子レンジで使えない容器

- 金属の容器、金網、金属の串など
  なべ　金あみ　金ぐし
  火花がでる。

- 紙、木、竹の器
  紙　竹　木
  火花がとんだりもえたりすることがある。

- 耐熱温度140℃以下のプラスチックの器
  とけたり、われたりする。

- 漆の器
  うるし
  うるしがはげることがある。

- アルミホイル

食品の置き方

回転テーブルあり
テーブルのはしに、同じ間かくでおく。

回転テーブルなし
まん中におく。

タイプによって、マイクロ波のあたり方にちがいがあるよ。

ラップをかけるとき
- おかず、カレー、シチューなど。
- 水分をにがさないように、ふんわりかける。

ラップをかけないとき
- カラッとしたいあげもの、焼きもの
- 水分が多く、ふきこぼれが心配な飲みもの、汁もの

注意！

- 皮がついているものは、切れ目を入れたり、穴をあけたりして、水蒸気をにがす。

 ソーセージ
 たらこ
 なす

- 破れつするので×

 からつきたまご
 からなしゆでたまご

- 電子レンジが動いているときは、電磁波が出ているので、1mくらいはなれていよう。
- 使い終わったら扉の内側やなかをふいておこう。

電子レンジでできる料理

●やさいを蒸す
水洗いしたやさいを、ぬれたまま耐熱皿にのせる。ラップをかけて、加熱する。

ブロッコリー 1/2個
2分加熱。そのまま、さます。

ほうれん草 5株
3分加熱。水にくぐらせて、あくをぬく。

短時間で急加熱。ビタミンなどの栄養素をにがさない。

●固くて大きいやさいをやわらかく

じゃがいも、かぼちゃ、にんじんなどを、大きさをそろえて切ったあと、水でぬらして軽くしぼったキッチンペーパーで包み、さらにラップをかけて、3分加熱する。固かったら、もう少し時間をかけよう。

ラップをかける。
ぬれたキッチンペーパーでつつむ。
かつおぶしとしょうゆをかける。

●むしなす
なす…2個
なすを4等分し、ふんわりラップをかけて、4分加熱する。

かつおぶし

●とうもろこしをゆでる
とうもろこし…1本
とうもろこしを皮つきのまま、ラップをせずに、5分加熱する。皮をむいて、できあがり。

皮つきのとうもろこし

やさいを ゆでる・むす

ゆでる
湯で熱する。

むす
水蒸気で熱する。

材料（4人分）
- ほうれん草 … 1束
- 塩 …………… ひとつまみ
- しょうゆ …… 適量
- かつおぶし … 少々

ほうれん草のおひたし

1 ゆでる前に、10分ぐらい根もとを水につけてしゃっきりさせる。

こうすると、ゆで上がりが早い。

2 水を流しながら、根元をていねいに洗う。

3 なべに湯をわかし、塩ひとつまみを入れる。

塩1つまみ
水1ℓ
強火

4 葉先を持って、根元を入れ、30秒ゆでる。

30秒
強火

こうすると、根もとの甘味が、葉の方に上がる。

5 全体をさいばしでおしこみ、30秒ゆでる。

30秒
さいばし
強火

6 上下を一度入れかえ、30秒ゆでて火を止める。

30秒

7 ボウルの冷水にとり、根元を上にして、よくしぼる。

根元が上
冷たい水

水にさらすのは、ほうれん草のアク（シュウ酸）をとるため。アクの少ない、小松菜、菜の花、ブロッコリーなどは、水にさらさず、ザルに上げて冷ます。

8 4～5cmはばに切り、もう一度軽くしぼって、水気を切る。

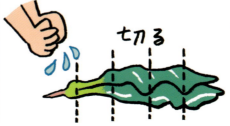
切る

9 皿にもりつけ、しょうゆとかつおぶしをかける。

かつおぶし
しょうゆ

フライパンでむしやさい

1. 好みのやさいを洗って切り、フライパンにならべ、水カップ1/2を加える。
2. ふたをして中火で6～8分むす。
3. 皿にもりつけ、好みのたれやドレッシングをかける。

むしたやさいは、水にとけやすいビタミンなどの栄養分がへりにくい。むす時間とゆでる時間は、ほぼ同じ。

材料（4人分）

- キャベツ 1/4こ → くし形
- にんじん 1/2本 → 1cmのわぎり → 1cmの半月切
- きのこ 1パック → ほぐす
- ブロッコリー 1/2こ → わける

ごまだれの作り方

材料
- すりごま … 大さじ2
- しょうゆ … 大さじ2
- みりん …… 大さじ1
- だし汁 …… 大さじ4

（作り方は①巻18ページ）

材料をよくまぜ合わせる。

やさいはどこを食べてるの？

ひとくちに「やさい」といっても、植物のいろいろなところを食べています。葉、茎、根、実など、それぞれ養分が多いおいしい部分を食べているのです。特に、ほうれん草、小松菜、春菊、チンゲン菜などの緑の濃いやさいは、カロテン（ビタミンA）、ビタミンCなどの栄養素をたくさんふくんでいます。

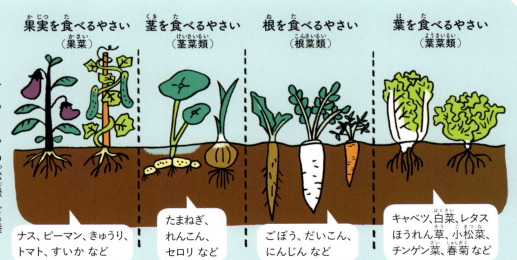

- 果実を食べるやさい（果菜）: ナス、ピーマン、きゅうり、トマト、すいか など
- 茎を食べるやさい（茎菜類）: たまねぎ、れんこん、セロリ など
- 根を食べるやさい（根菜類）: ごぼう、だいこん、にんじん など
- 葉を食べるやさい（葉菜類）: キャベツ、白菜、レタス、ほうれん草、小松菜、チンゲン菜、春菊 など

生やさいでサラダとつけもの

ごま（大さじ1）や しょうゆ（小さじ2）を まぜてもいいね！

トマトとレタスのサラダ

ドレッシングのコツ
油は水分（酢）とまざりにくいので、3～4回に分けて、少しずつ入れる。
油を入れるたびに、よくまぜる。

材料（4人分）
- トマト ……… 2個
- レタス ……… 1/2個

ドレッシング
- オリーブオイル … 大さじ4
- 酢 ………………… 大さじ2
- 塩 ………………… 小さじ1
- こしょう ………… 2ふり

1 ドレッシングの材料をよくまぜ合わせておく。

2 トマトをよく洗い、2cmの角切りにする。

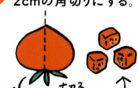

3 レタスはよく洗って、食べやすい大きさに手でちぎる。

レタスはほうちょうで切ると切り口が変色するので手でちぎる。

4 トマトと①のドレッシングをよくまぜ合わせる。

5 食べる直前に、レタスとあえる。

大きくふんわりまぜる。

サラダのコツ
- やさいは、流し水で10秒以上洗う。
- 氷水に10分くらいつけると、シャキッとする。
- よく水気を切る。
- サラダは食べる直前まで、冷蔵庫で冷やしておくとおいしい。

ビニール袋できゅうりのつけもの

材料（4人分）

きゅうり ……… 2本（200g）
塩 ……………… 小さじ1弱（4g）
（やさいの2%ぐらい）

好みで、しょうがや大葉の千切りを入れてもおいしい。

1 きゅうりをたんざくに切る。

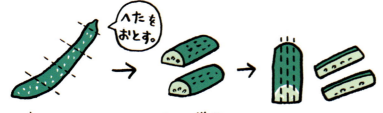

4つに切る。　たて半分　たんざく
へたをおとす。

2 塩ときゅうりをビニール袋に入れてまぜ、5分おく。

ビニールぶくろ
空気を入れてふる。
空気をぬいてかるくもむ。

3 きゅうりがしんなりしたら、水分をすて、器にもる。

かぶやにんじん、キャベツなどをうす切りにしてまぜると、色どりもよくおいしい。

つけもののひみつ

● **塩とまぜると、なぜ水分が出るの？**

水分　やさいの細胞　塩分

塩をふるとやさいの外側の塩分濃度が高くなり、水の割合を同じにしようとする作用（浸透圧）がはたらきます。やさいの細胞の中の水分が外へ出て、外側の塩分が中へ入ってきます。一度しんなりしたやさいは、塩水が自由にやさいの中に入りこむことができるようになります。この原理を利用したのがつけものです。みそづけ、ぬかづけ、しょうゆづけ、酢づけも、同じ原理でおいしくなります。

● **塩の分量**

塩は、くさるのをふせいでくれます。即席づけのように短時間でつくってすぐ食べるものは少量、長期間保存するたくあんのようなものは塩を多くします。即席づけ（浅づけ）は、やさいの重さの2％、古づけ（たくあんなど）は、やさいの重さの7〜10％の塩をくわえます。

シャキ、シャキ！やさいいため

材料（4人分）

- キャベツ …………… 大4枚
- にんじん …………… 1/2本
- ピーマン …………… 2個
- もやし ……………… 1袋
- 豚小間切れ肉 ……… 200g
- にんにく、しょうが … 各1かけ

調味料

- 鶏がらスープの素 … 小さじ2
- しょうゆ …………… 小さじ2
- 塩、こしょう ……… 各少々
- 水とき片栗粉（片栗粉小さじ1を水小さじ1.5でとかしておく。）
- サラダ油 …………… 大さじ1
- ごま油 ……………… 小さじ1

1 やさいを洗う。

もやしはザルに入れてよく洗う。

2 やさいを切る。

キャベツはざく切り。重ねて3cmはばに切る。

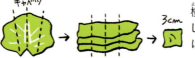

横向きにして、3cmはばに切る。

にんじんは短ざく切り。たてに1cmはばに切る。

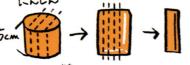

たて1cmはばに切る。

ピーマンは細切り。

2つに切って、種をとる。

3 にんにく、しょうがは、みじん切りにする。

香りがよく出るように、細かく切る。

6 豚肉の色が白くなったら、皿にとり出す。

ぶた肉はあとでフライパンにもどすよ。

7 同じフライパンで、にんじんをいためて火を通す。

強火

火の通りにくい固いやさいから入れる。

8 ピーマン、キャベツの順に入れ、キャベツがしんなりしたら、もやしを入れていためる。

ピーマン→キャベツ→もやしの順にいためる。

強火

9 ⑥の肉をフライパンにもどして、よくまぜる。

もどす ぶた肉

強火

いためる調理のいいところ

- 手早く短時間でできる。（高温の油で、高速加熱）
- 短時間で調理できるので、ビタミン類がたくさん残る。
- 緑黄色やさい（色の濃いやさい）にふくまれるカロテン（体の中でビタミンAに変わる）は、油で吸収力がアップする。

▶▶ **4** 調味料を全部まぜて、スタンバイ。

▶▶ **5** フライパンにサラダ油を入れ、強火で熱する。にんにくとしょうがをいためて、香りが出たら、肉を入れていためる。

▶▶ **10** ④の調味料をまわし入れ、よくまぜたら、最後にごま油をかけて完成。

シンプルだからこそ、手順が大事。ポイントは、やさいの大きさをそろえること。調味料を合わせておくこと！

レシピは4種類のやさいだけど、玉ねぎ、ニラ、きのこ類などを入れてもOK！どんな具材を入れるにしても、「強火で短時間でいためる」ことが大事。

やさいが体にいいわけ

- やさいには、人の体の中で作れないビタミンやミネラルがたくさんふくまれています。

ミネラル（根から吸収）

- **ビタミンC** 病気への抵抗力がつく。
- **ビタミンA（カロテン）** 目の働きをよくし、のどや鼻の粘膜を強くする。

- **食物せんいが豊富**
  食物せんいは、消化を活発にしたり、体にいらなくなったものを外に出したりする手助けをしてくれます。

- **やさいから食べよう**
  まず、やさいから。やさいは、カロリーや脂肪が少ないので、血糖値が上がりにくく、肥満防止につながります。

まず、やさいから！

- **旬のやさいを食べよう**
  やさいには、それぞれ一番育ちやすく、おいしくて栄養たっぷりな時期、「旬」があります。春夏秋冬、季節の旬のやさいを味わっていきたいですね。

冷蔵庫のじょうずな使い方

どこになにを入れる?

●冷蔵庫に入れるもの
要冷蔵とかかれているもの

なっとう　たまご　牛乳　とうふ

冷蔵室 2〜6℃

チルドルーム 0℃

冷凍庫 マイナス18℃

野菜室 5〜8℃

●冷凍庫に入れるもの
冷凍すると長い間保存できる食材やおかず、ごはんやパン

冷凍食品　アイス

●チルドルームに入れるもの
チルドは凍る寸前の温度。冷蔵ではくさりやすく、冷凍では品質がおちてしまうものを入れる。

さしみ　ハム　さかな　肉

●野菜の入れ方

葉物は新聞紙にくるんでビニール袋に入れて、たてておく。
だいこん にんじん その野菜が育ったようにおく。

●冷蔵庫に入れておける期間
炒め物や野菜だけのあえもの3日、生の肉は次の日までに調理しよう。

野菜いためは3日まで。　生の肉は次の日まで。

●冷蔵庫に入れない野菜や果物
変色したり、味がおちてしまう

いも　かぼちゃ　ごぼう　たまねぎ
アボカド　マンゴー　みかん　バナナ

●冷凍してはいけないもの
味や品質がかわってしまう

たまご　とうふ　こんにゃく

プリン　ゼリー　マヨネーズ

じょうずな使い方

- 冷蔵庫は冷たい空気の流れを作るため、つめこみすぎない。冷凍庫はぎっしりつめたほうが効率がいい。
- ドアのあけしめは、なるべくへらす。庫内の温度があがってしまう。

- 古いものは、なるべく手前の見やすいところにおく。

冷凍のコツ

- すばやく凍らせるために、アルミホイルか、金属のトレイにうすく、たいらにしてのせる。
- 1個ずつ、1回分ずつバラで冷凍する。
- 空気が入ってこないジッパーつきの袋にいれ、空気を抜いて日付をかく。

うすくして、たいらに。

ごはん

パン

ピチッ

2018.2.1

ジッパーつきのふくろ

- 2週間以内に食べきる。

解凍のコツ

- **生ものは自然解凍**
 魚や肉は、冷蔵庫にうつして解凍。急ぐときは、水をかけながら解凍。
- **加熱済み食品は急速解凍**
 電子レンジで解凍するか、そのまま直接料理する。

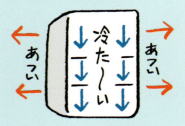

どうして冷やして保存するの？

- **細菌がふえるのをおさえる。**
 魚、野菜などほとんどの食品には、細菌がついています。細菌は10℃以下でふえるのがおそくなり、マイナス15℃以下ではふえることができません。

- **野菜や果物の成熟をおくらせる。**
 エチレンガス（植物の成長、成熟をすすめるもの）の発生をおさえます。

冷蔵庫はなぜ冷えるの？

液体が蒸発して「気体」にかわるとき、まわりの熱をうばいます。夏、庭に水をまくとすずしくなるのはそのためです。冷蔵庫はこのしくみを利用して中の温度を下げています。庫内は冷気でひえますが、庫外に熱をにがしているので、冷蔵庫の側面は熱くなっています。

こねこね ハンバーグ

材料（4人分）

あいびき肉（牛と豚のひき肉）…400g	パン粉……………1/2カップ
玉ねぎ……………大1こ	塩………………小さじ1
たまご……………1こ	こしょう…………少々
牛乳………………1/2カップ	サラダ油…………小さじ2

1 玉ねぎをみじん切りにする。

ヨコに切れ目をいれる。

上から切れ目をいれる。

はじから切る。

2 ひき肉をポリ袋に入れ、こねる。

こねる

> よくこねるとねばりけがでてきて、肉がばらばらにならない。

3 ポリ袋に、牛乳にひたしたパン粉、たまご、塩、こしょうを入れてこねる。

塩小1　こしょう少々　たまご1こ
牛乳カップ1/2にパン粉カップ1/2をひたしたもの。

4 玉ねぎを入れてさらにこねる。

たまねぎのみじん切り

5 ポリ袋から肉をだし、4つにわけてまとめる。ひとつひとつをキャッチボールのようにして空気をぬく。

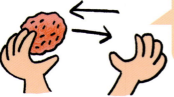

> 空気をぬくと、やいたときにひびわれせず、なめらかになる。

6 まん中をくぼませながら、形をととのえる。

2cm

> まん中は火が通りにくいのでくぼませる

7 サラダ油小さじ2をフライパンに入れて熱し、ハンバーグを入れて中火で3分焼く。

油小2　中火

8 ハンバーグをうらがえして、ふたをし、3分やく。

ふた　中火

9 ふたをとり、もう一度うらがえし、強火で1分やく。

強火

> くしでさして、すきとおった肉汁が表面に出てくれば出来上がり。なかを見て生だったときは、電子レンジに1〜2分かければだいじょうぶ。

ハンバーグソースと野菜のつけあわせ

ソースのつくり方

フライパンに残っている肉汁に水1/2カップ、ケチャップ大さじ3、ウスターソース大さじ1と1/2を入れ、半分になるまでにつめる。

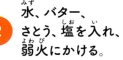

こふきいも

材料（4人分）
- じゃがいも ……2こ
- 塩、こしょう ……少々

つくり方 P9参照

にんじんのグラッセ

材料（4人分）
- にんじん ……1本
- 水 …………カップ1
- バター ………20g
- さとう ………大さじ1/2
- 塩 ……………小さじ1/2

1 にんじんを半分に切り、たて4つに切る。 ▶▶ **2** 水、バター、さとう、塩を入れ、弱火にかける。 ▶▶ **3** バターがとけたら、にんじんを入れ、水分がなくなるまでにつめる。

ブロッコリーの塩ゆで

材料（4人分）
- ブロッコリー …1こ
- 塩 ………………小さじ1

（手でわけてもよい）

1 ブロッコリーを食べやすい大きさに切る。茎もまわりの硬いところを切り、うす切りにする。 ▶▶ **2** なべに湯をわかし、塩小さじ1を入れ、ふっとうしたらブロッコリーを入れ、2分ゆでる。 ▶▶ **3** ざるにあげ、そのまま冷ます。

肉料理に野菜をつけるわけ

肉には、たん白質が多くふくまれていますが、ミネラルは不足しています。そこでミネラルやビタミンをふくむいもや野菜をとると、肉の栄養不足を補ってくれます。また、色どりがよくなり、おいしそうにみえます。いろいろな味のものをひとさらの中でたのしめます。

肉をあつかうときには、注意しよう。

- 生で食べる食品に生の肉がつかないようにしよう。
- 肉をあつかった手や用具は、石けんを使ってしっかり洗おう。

みんなだいすき とり肉のからあげ

材料（4人分）
- とりもも肉 …… 2枚
- かたくり粉 …… 大さじ4
- サラダ油

調味料
- 酒 …………… 大さじ3
- しょうゆ ……… 大さじ3
- しょうが ……… 1かけ
（1かけ＝おやゆびくらいの大きさ）

1 とり肉をひと口大に切る。（からあげ用に切ってあるものを使ってもよい）フォークであなをあけておくとやわらかくて食べやすい。

2 ポリ袋に、とり肉と調味料をいれてよくもんで30分おく。

3 ポリ袋に、かたくり粉を入れ、しっかりと肉になじませる。

4 フライパンに肉をいれ、肉が半分かくれるくらいの油をいれて、火をつける。

5 温度が上がってパチパチと音がしてきたら、3〜4回はしでひっくりかえし、火を弱める。

6 音が静かになったら、最後に火を強め、1分たったら火をとめる。

中まで火が通ると音が静かになる。最後に強火にするとカラッとあがる。

7 キッチンペーパーをしいたバットにのせ、油をきって、皿にもりつける。

あげものをするときの注意

- 火のそばをはなれない

- 油は新しいものを使う

- 水気をふいて使う
- 火のそばに物をおかない

とり肉の部位

むね肉
やわらかくて脂肪が少なく味はさっぱりしている。

ささみ
むねの骨にそって左右に1本ずつついている。やわらかく脂肪が少ない。

手羽
つけねから羽先まで脂肪がほどよくつき、味にこくがある。

もも肉
足から腰にかけて、肉質はかたくよくしまっている。味がよい。

とり肉は健康食
とり肉は牛や豚に比べて脂肪が少なく、肉がやわらかくて食べやすいので、病気の人や高齢者、子どもの食事によく使います。ふくまれている脂肪も体によいものです。

とり肉のあつかいに注意
- 細菌がつきやすいので料理した後まな板や包丁は洗剤でよくあらうこと。
- くさりやすいので、早目に調理する。

あげないチキンカツ

材料（4人分）
- とり肉のささみ …8本
- 塩………ひとつまみ
- コショウ ………少々
- サラダ油………大さじ6
- パン粉………1/2カップ
- キャベツ………1/4こ

調味料A
- 小麦粉………大さじ4
- マヨネーズ …大さじ2
- 水……………大さじ4

1 ささみをポリ袋にいれ、すりこぎで軽くたたいて平たくする（めんぼうでもよい）。

2 ささみが平たくなったら半分に切り、塩・こしょうをする。

3 調味料Aをよくまぜて、肉につけ、パン粉をつける。

Aの調味料

4 フライパンに油を熱し、ささみをならべて中火で2分やく。

5 うらがえしてさらに2分やく
きつね色になればOK

6 キャベツのせん切り（1巻34P参照）をそえてもりつける。このみでソースをつける。

みんなだいすき カレーとしょうがやき

材料（4人分）

- ぶた肉（こまぎれ）……300g
- 水……3カップ
- じゃがいも……中3こ
- にんじん……中1本
- 玉ねぎ……中2こ
- にんにく……1かけ
- カレールー（売られているもの）
- サラダ油……大さじ2

カレーライス

1 玉ねぎ、じゃがいもを洗って、皮をむく。

2 玉ねぎ1こをみじん切りにする。（あと1こはとっておく）にんにくはうす切りにする。

（20P①参照）

玉ねぎ　にんにく

3 にんじん、じゃがいも、とっておいた玉ねぎを切る。

じゃがいも　にんじん
8等分　乱切り
玉ねぎ → せんいにそって切る

4 フライパンを弱火にかけて油を入れ、にんにくをいため、かおりがしてきたら、玉ねぎのみじん切りを入れ、あめ色になるまでいためる。

> 玉ねぎのあまみがでておいしくなる

油大1　弱火で20分

5 中火で熱したなべに油大さじ1を入れ、肉をいため色がかわったら、野菜と④のたまねぎを入れ、水3カップをくわえて、やわらかくなるまでにる。

> 上にういてくるあくをとると、おいしくなる。

中火

6 4人分のカレールーを入れて、弱火でかきまぜながら、ルーがとけてとろりとしたら火をとめてできあがり。

カレールー　弱火

ぶた肉のしょうがやき

材料（4人分）
- ぶた肉（ロースうす切り）……400g
- つけ汁（しょうゆ大さじ4／酒大さじ4／みりん大さじ2／おろししょうが大さじ2）
- サラダ油…大さじ1
- 玉ねぎ……1こ
- キャベツ…1/4こ

1 ぶた肉を半分に切り、玉ねぎとキャベツも切っておく。 ▶▶
2 つけ汁をつくる。 ▶▶
3 つけ汁をバットにいれ、ぶた肉を10分つける。 ▶▶
4 フライパンに、油大さじ1を入れ、けむりがでるまで熱する。

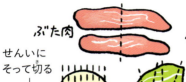

しょうがは、肉のくさみをとり、肉をやわらかくしてくれる。

5 火をとめて、フライパンに肉をならべる。 ▶▶
6 火をつけ、強火で30秒やいたら、中火で1分やく。うらがえして同じようにやく。 ▶▶
7 肉をとりだし、そのフライパンで玉ねぎのうす切り、キャベツの乱切りをいためて、肉にそえる。

強火でやくとうまみがにげない

ぶた肉の部位

肩ロース
コクがあり、濃厚な味　カレーやしょうが焼きに。

ロース
やわらかく一番おいしいといわれるところ。とんかつやポークソテー、やき豚に。

肩肉
筋肉質で赤身が多く、脂肪分もまじっている。シチュウなどの煮こみ料理に。

バラ
やわらかくて脂肪が多い。角煮やいためもの、しゃぶしゃぶに。

モモ
赤身がおおくヘルシー。しゃぶしゃぶやいためものに。

ヒレ
脂身が少なくとてもやわらかい。とんかつやソテーに。

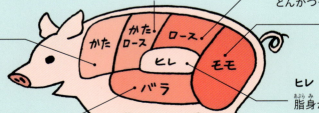

魚をこんがり焼こう

材料（4人分）
サンマ … 4尾　　大根 …… 5cm
塩 ……… 小さじ1　すだち … 2個

サンマの塩焼き

1 サンマは洗って水分をふき、塩をふって10分ほどおく。

高いところからふると、むらなくふれる。

塩をふると生臭みが消え、身の弾力がまし、やいても身がくずれにくくなり、うまみがます。

▶▶ 2 まん中から半分に切る。

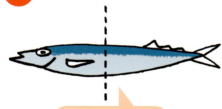

やきやすくなる。

3 もりつけたとき、表になる面からやく。

あみに油をぬって、熱しておくと魚があみにくっつかない。

中火

▶▶ 4 表にきれいなやき色がついたら、うらがえす。

中火

▶▶ 5 皿にもりつけ、すだちと大根おろし（1巻35P参照）をそえる。

大根おろし（1巻P35）

もりつけ方

頭つき
あたまを左、腹が手前に

切り身
皮を上側に

干物
身を表に

フライパンでも焼ける

クッキングシート
あとしまつがらく！
中火

中火か弱火で片面4分ずつ焼く。

サケのムニエル

材料（4人分）

生サケ……… 4切れ	バター……… 大さじ1	玉ねぎ（みじん切り）… 大さじ1
塩、こしょう… 少々	マヨネーズ… 大2	ミニトマト…………… 8こ
小麦粉……… 適量	ゆで卵……… 2こ	レタス……………… 4～5枚
		サラダ油…………… 大さじ1/2

1 サケに塩・こしょうをし、5分おいたら小麦粉をうすくつける。

▼

2 フライパンを中火であたため、サラダ油（大さじ1/2）を入れ、サケを入れる。弱火にし、ふたをして2分やき、うらがえして2分やく。

▼

3 最後にバターをおとす。うらがえしてバターの風味を両面につける。

▼

> 後からいれることでバターの風味がでる。

4 タルタルソースをかけ、レタスとプチトマトをそえてできあがり。

タルタルソース（4人分）

魚のじょうずな食べ方

❶ 魚の中心に切れ目を入れる

❷ 中骨の上側の身をはがして食べる

❸ 腹側の身をはがして食べる。

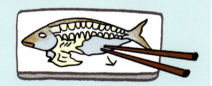

❹ 左手でしっぽをつまみ、右手のはしで身をおさえ、中骨をはがし、頭も取る。骨や腹は皿の左奥にまとめる。

イワシの料理

イワシを手でひらく

1 頭をおとす。

牛乳パックを
まないたがわりに使うと、
そのまま捨てられて
あとかたづけが楽です。

2 かたい腹びれの骨を切りおとす。

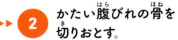

3 手で内臓をかきだし、水洗いする。

4 ペーパータオルで水気や血などをふく。

できあがりが
きれいになります。

5 中骨の上に、両手の親指を差し込み、両親指を外側にむけてすべらせ、腹をひらく。

6 中骨のはしをつまみ、身をおさえながら、頭から尾にむけて、骨をゆっくりはがす。尾は切りおとす。

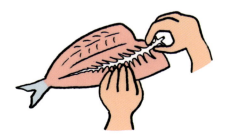

新鮮なイワシほど、
きれいにひらくことが
できます。

イワシのつみれ汁

材料（4人分）

イワシ ……… 4ひき	塩 ……… 小さじ1	ねぎ ……… 20cm
小麦粉 ……… 大さじ1と1/2	みそ ……… 小さじ1	しょうゆ ……… 大さじ1
しょうがのしぼり汁 … 小さじ1	ごぼう ……… 20cm	

1 手びらきしたイワシ（左ページ）をこまかく切る。

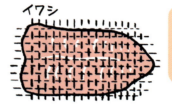

包丁で細かく切ってたたいてもよい。

2 すりばちに入れ、すりこぎですり身にしながら調味料を入れる。

3 ごぼう20cmは、皮をたわしで洗って、ささがきにする。長ネギ20cmはななめにうす切りにする。

4 なべに3カップの湯をわかし、スプーン2本を使ってすり身をなべにおとす。ごぼうも入れる。

5 中火で熱し、すり身がういてきたら、しょうゆとねぎを入れる。

中まで火が通るとういてくる。

※魚を調理したあと、手や用具は洗剤でよく洗うこと。

イワシは漢字で「鰯」と書くほど、くさるのが早いので、買ったらすぐに調理しよう。

青魚パワーで元気いっぱい

● **青魚ってなあに**
イワシ、サバ、サンマ、カツオ、アジ、マグロなど背が青い魚のことです。

● **脳のはたらきがよくなる**
青魚の脂肪は、血液をサラサラにしてくれるDHAやEPAが入っていて、脳の血流をよくしてくれます。また認知症をふせぐ効果もあります。

● **ほかの栄養もたくさん**
カルシウムや鉄やビタミン、たん白質もたくさんはいっています。

おべんとうをつくろう

ポイント 1
ごはんとおかずは1対1（半々）食べられる量をつめよう。

ポイント 2
おかずの組み合わせは、主菜と副菜をバランスよく入れよう。旬の食品を使おう。
〈主菜〉たん白質を多くふくむ食品。

肉　魚　たまご　豆
〈副菜〉
いも　野菜　きのこ　海そう

ポイント 3
味つけは濃いめにする。
甘いものやしょっぱいものなどを組み合わせるとよい。

ポイント 4
下ごしらえをしておく。材料を切っておく。
下味をつけておくなど、前もってやっておくと朝の調理時間を短縮できる。
夕食の残りものなどに、熱を加えて利用する。

- 焼き魚（サケ）（26ページ参照）
- たまご焼き（きざみのり入り、7ページ参照）
- ほうれん草のごまあえ（ゆで方12ページ参照）
- ミニトマト　● ごはん・ゆかり（梅ぼし入り）

● **ほうれん草（80g）のごまあえ**
ボウルにすりごま大さじ1、しょうゆ小さじ1、さとう小さじ1を入れてまぜる。
ゆでたほうれん草を4センチぐらいに切って入れて、まぜ合わせる。

ポイント ❺

赤、緑、黄、茶、白、黒、など、色どりのよい組み合わせは、見ておいしく感じる。また、栄養のバランスもよい。

ポイント ❻

冷めてもおいしく食べられる工夫をする。
煮る、焼く、いためる、ゆでる、などの、調理方法を組み合わせるとよい。

ポイント ❼

くさりにくくする工夫をする。
- できるだけ熱を通す。
- さめてから、ふたをする。
- 梅ぼしを入れる（殺菌力がある）。ちぎってごはん全体にのせると、より効果がある。
- 生野菜やくだものは、別の容器に入れる。
- 夏の季節や梅雨時は、保冷剤や保冷パックなどを使うとよい。

ポイント ❽

汁けの多いものはさけよう。
一緒につめた他のおかずに味がうつったりしておいしくなくなる。
汁けの多いものは、アルミや紙などの容器を使うとよい。

おべんとうの話

5世紀ごろから、旅や農作業、山仕事などのとき、外で食事がとれるように、おにぎりや干飯を持ち歩いたのが、はじまりだと言われています。干飯は米を蒸して乾燥させた保存食で、そのまま食べたり、湯や水にひたして食べます。現在のα（アルファ）米と同じです。
「弁当」という言葉は、諸説あると言われていますが、そのひとつに、昔の中国の言葉で、便利なことを意味する「便當」が語源であると言われています。
「幕の内弁当」の名前の由来は、「芝居の幕間に観客が食べた弁当」という説や、「幕の内側で役者が食べた弁当」と諸説あります。

災害のときにやくだつ料理

なべの洗い物なし、水もくり返し使える。

材料（2人分）

無洗米……………1合
水…………………200ml
やきとり缶
ひじきドライパック
めんつゆ（3倍）…小さじ1
おろししょうが（チューブ）
　………………小さじ1

ポリ袋を使ってたきこみごはん

1 ポリ袋に材料を入れる。

2 よくまぜあわせる。袋の空気をぬき、口をねじりあげ、かたくむすぶ。

3 30分おいて水をすわせる。

吸水させると中までふっくら炊けておいしくなります。

4 なべに3分の1くらいの水を入れて皿をいれ、その上に米のポリ袋をのせる。

5 ふたをして、強火で熱する。

ふっとうするまで強火！

6 ふっとうしたら、中火で20分。

中火 20分

7 火をとめ、10分むらす。

8 とりだして、口をはさみで切り、茶わんにもる。

あついので注意！

ポリぶくろ

半透明の高密度ポリエチレンのものを使う。ビニール袋は✕

かんづめを使って サバのみそ煮

材料（4人分）
- サバの水煮缶　…2缶
- 長ねぎ　…………2本
- しょうが　………ひとかけ

調味料A
- 水　…………大さじ4
- 赤みそ　……40g
- さとう　……大さじ2

1 ねぎはななめに切る。しょうがは、うす切りにする。

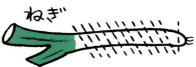

2 なべに缶づめのサバを汁ごと入れ、ねぎ、しょうがも入れて強火で熱する。

「かんづめは汁ごと入れる。」

3 ふっとうしたら、中火にして調味料Aを入れる。

4 あくをとり、煮汁がとろりとするまで煮る。

缶づめのサバは、やわらかいのでなるべくさわらないこと。

火を使わずにできるガスパチョ（冷たいスープ）

カップにクラッカー以外の材料を入れてよくかきまぜる。最後にクラッカーをそえてできあがり。

材料（1人分）
- トマトジュース　……………1缶
- おろしにんにく（チューブ）　…少々
- オリーブ油　………………少々
- クラッカー　………………2、3枚

災害備蓄食料で料理を

日本列島は、地しんの活動期に入ったといわれています。飲み水、缶づめ、レトルト食品、びんづめ、乾物、ナッツ、チーズなどをそろえておくといいですね。ふだんから、時々、災害用の備蓄食料をつかった料理をとりいれてみてはどうでしょう。災害食の賞味期限切れを防ぐこともできるし、災害の時にも役にたちます。

水を入れるだけで食べられるごはん。

カセットコンロとボンベがあると便利

エコなクッキング

かぶの葉でもできる

大根の葉のふりかけ

材料
- 大根の葉 ……… 1本分（250g～300g）
- しょうゆ ……… 大さじ1と1/2
- みりん ……… 大さじ1と1/2
- 酒 ……… 大さじ2
- かつおぶし ……… 2パック
- ごま油 ……… 大さじ1と1/2
- いりごま（白）……… 大さじ2

1 大根の葉をよく洗ってみじん切りにする。

2 フライパンを熱し、ごま油を入れ、葉を強火でいためる。

3 しんなりしたら中火にし、しょうゆ、みりん、酒を入れていためる。

4 水分がなくなったら、火を止め、しあげにごま、かつおぶしを入れて、さっとからめる。

5 ごはんに、ふりかけて食べる。

ガスの火かげんで省エネ

×なべのそこから火がはみだしている。

○なべのそこから火がはみだしていない。

○お湯をわかすとき、煮物をするときなべのふたをすると早くわく。

15%早くわく

省エネで肉じゃが

材料（4人分）

- じゃがいも … 中4こ
- ぶた肉 …… 200g
- 水 ………… カップ1と1/2
- 玉ねぎ …… 中1こ
- サラダ油 … 大さじ1
- さとう …… 大さじ1
- みりん …… 大さじ1
- しょうゆ … 大さじ2と1/2

1 じゃがいもは洗って皮をむき、一口大に切って、水にさらす。玉ねぎは1cm幅のうすぎりにする。

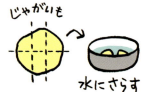

2 なべに油を入れて、強火で熱し、玉ねぎをさっといためる。

3 なべのまん中に肉を入れ、調味料を肉にふりかけるように入れて、中火で味をしみこませる。

4 じゃがいもをくわえてひとまぜしたら、水カップ1と1/2を加え、ふたをして中火で5分にる。

5 火を止めて、なべをバスタオルでつつみ、15分おいておく。

熱をにがさないのでガスを節約できる。じっくり火が通るので煮くずれしない。

6 じゃがいもがやわらかくなったら、できあがり。

地球にやさしい食材の選び方

❶ 旬のものをえらぶ。
その季節にとれるものを「旬」といいます。おいしくて、ねだんも安く、栄養もあります。旬でないものは、温室栽培などで燃料などのエネルギーを使っています。ねだんも高めです。

春 たけのこ 春キャベツ

夏 トマト ピーマン

きゅうり

秋 さつまいも きのこ

冬 はくさい れんこん

❷ 家の近くでとれたものをえらぶ。
遠くからはこぶとエネルギーをたくさん使います。その地域で生産されたものを食べることを「地産地消」といいます。

安全で新鮮な食品をえらぼう

野菜やくだもののえらび方

新鮮なものをえらぶ（旬のものをえらぶ）

ほうれん草　小松菜　ねぎ
葉先がピンとのびていて緑色がこいもの。

大根　にんじん
表面の皮に張りのあるものが新鮮。にんじんは芯が小さいもののほうがやわらかくておいしい。

キャベツ　レタス　はくさい
外の葉がみずみずしくて、色のこいもの。

きゅうり　なす
なすはヘタにとげがあって、表面につやがあるもの。きゅうりはいぼいぼがあるもの。
（いぼのない品種もあります）

農薬が使われていないか、低農薬のものをえらぶ

有機野菜のマーク
農薬や化学肥料を使わずに育てたもの

なるべく国産のものをえらぶ

外国から輸入するものは、ポストハーベストが心配。
（収穫後に農薬をかけること）

魚のえらび方

新鮮なものをえらぶ

目につやがあり、すんでいるもの。また、えらがあざやかな赤色でお腹にはりがあるもの。

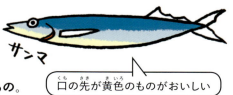

口の先が黄色のものがおいしい

切り身はドリップ（汁）がでていなくて、切り口が黒っぽくないもの。

汁がでていない。（ドリップ）

肉のえらび方

新鮮なものをえらぶ

色がきれいなもの
加工した日付を見る。

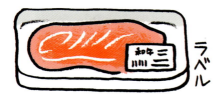

国産をえらぶ

輸入肉には、日本で許可されていないホルモン剤などが
つかわれていることがあるので、日本の産地の分かるものをえらぶ。

加工食品のえらび方

食品てん加物の少ないものをえらぶ

原材料を確かめてみよう。

てん加物が少ない　　てん加物が多い

遺伝子組み換えでないものをえらぶ

遺伝子組み換えをした大豆を使っている
食品があります。安全性が心配なので
遺伝子組み換えでない大豆使用と
書いてあるものをえらぶ。

賞味期限と消費期限

- 賞味期限とは、おいしく食べられる期限

  クッキー　ヨーグルト
  カップめん　など。

- 消費期限とは、保存できて食べられる期限。すぎたら食べるのはやめよう。

  牛乳　肉　弁当
  サンドイッチ　ケーキ　など。

食品てん加物とは

とうふを作るときに、食品てん加物のニガリを入れると固まります。このように食品てん加物は加工食品を作るのにつかわれるものです。

ところが、今は食品を長もちさせたり、食感をよくしたり、見た目や香りなどを人工的によく見せるために化学薬品が使われています。それらを、長期間食べたり、複数のてん加物を同時にとったりしたときなどの健康への影響が心配されています。

とくにさけたい食品てん加物

輸入くだもの

● 防かび剤
（イマザリル
OPP　TBZ）

● 発色剤
（亜硝酸
ナトリウム）

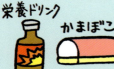

● 保存料
（ソルビン酸
安息香酸）

● 保存料
（ナイシン・
ナタマイシン）

環境にやさしいあとかたづけ

食べた食器のはこび方

油のついているもの、よごれのひどいものは重ねない。

かたづけるところまでが食事作り。きれいに残さず食べたらゴミも出ません。環境のことを考えてかたづけましょう。

食器を洗う前に

油や酢のついたもの、汚れのひどいものはいらない紙や布でふきとってから洗うと水が汚れない。なべやフライパンもふきとってから洗う。

ふきとり用の布 いらなくなった服やタオルなど小さく切って、台所においておくと便利。Tシャツなど綿のものがふきとりやすい。

食器・なべ・フライパンを洗う

- 油よごれのついていないものから洗う
- ごはん茶わんは水につけておくと、汚れがおちやすくなる。

茶わんや食器の洗い方

 → →

内側を洗う　外側を洗う　底を洗う

※油のついていないものはお湯だけで、石けんをつけなくてもだいじょうぶ
※アクリルタワシを使ってお湯で洗うと洗剤なしできれいになる

アクリルタワシのかんたんなつくり方

❶ 厚紙を図のように切る。

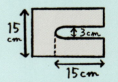

❷ 30〜40回アクリル100％の毛糸をまく。

❸ まん中に毛糸を通し、きつくしばる。

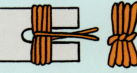

❹ 厚紙からはずして、広げてできあがり。

アクリルのせんいにある細かいすじがよごれをこすりとる

汚れがひどいものは、台所用石けんをつけて洗う

スポンジなどに
台所用せっけんをつけて、
よくあわだててから使う。

すすぐ

石けんをつけて洗った食器は湯を流しながら、表と裏を洗う。

かたづける

食器かごにふせて水気を切る。

かわいたふきんでしっかりふき、次に使いやすいように食器だなにしまう。使ったスポンジやタワシ、ふきんは洗ってかわかしておく。

ゴミのしまつ

出たゴミは、自治体の決めたルールにしたがって分別する。

容器・包装類はリサイクルマークを見よう

袋　ペットボトル　トレー

牛乳パック
洗ってかわかして
リサイクルへ

生ゴミ
水をよく切ってから
ゴミ袋に入れる。

油
牛乳パックに新聞紙を丸めて入れ、その中に流し入れてからゴミ袋にいれる。

合成洗剤でなく石けんを使おう

合成洗剤（石油から作られたもの）は成分が分解されず、川や海を汚します。石けんなら自然にもどり、環境にやさしいのです。

どこを見ればわかるの？

容器の裏を見ると表示があります。

品名 台所用石けん

無添加 食器洗いせっけん

手アレに悩みがちな台所回りの水仕事にうれしい香料・着色料・防腐剤など無添加の台所用石けん。きめ細かな泡立ちと泡切れの良さが特長です。
- 敏感肌にうれしい香料・着色料・防腐剤など無添加
- 香り移りが心配な台所でも安心の無香料
- 天然素材（なたね油・パーム核油）生まれの純石けん

品名 台所用合成洗剤

品名	台所用合成洗剤	用途	野菜・果物・食器・調理用具・シンク用、スポンジの除菌*
液性	中性		
成分	界面活性剤（22％ アルファオレフィンスルホン酸ナトリウム、ポリオキシエチレン脂肪酸アルカノールアミド、アルキルアミンオキシド）、安定化剤		

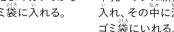

この本を読んでいるあなたへ

「家事」って、あまり聞かない言葉かもしれないね。

生活していくためには、まず食べることが必要です。家にある材料を使ったり、材料を買ったりして、自分で料理できるといいね。着ているものを洗濯することは体を清潔に保つためには欠かせないことです。部屋が散らかっていたら、気持ちが落ち着かないね。こうした健康で生活するために必要なこと、それが家事です。

この本を読んだら、あなたにできることからやってみましょう。あんがい、かんたんにできて、びっくりするかもしれないよ。

この本のとおりにやってみると、おとなのやり方とちがうことが見つかったり、「なんで?」という疑問や「そうなんだ!」という発見があるかもしれません。料理や洗濯、掃除の仕方には科学的な理由があります。そのわけがわかれば、やる気も出ます。

そうして、家事ができるようになるということは、「自立した人」になっていくということなのです。

おなかがすいたときに、食べたいものを自分でつくれたら、すごく自由な気分になりませんか? だれかのためにおいしい料理をつくれたら、どんなにすてきでしょう。

この本では、基本中の基本をだれでも確実につくれるように図解してあります。そして、一度覚えたら一生忘れないようなコツや、そのわけをわかりやすく説明しています。

少しなれてきたら、家族や友だちのためにうでをふるってみませんか?「おいしい!」って言われたら、自信もついて料理をつくるのが、うんとたのしくなります。

2巻は、おかず編です。1巻の主食と合わせたら、1食分の料理になります。おかずがおいしくつくれたら、もう一人前の生活者です。もし、本に書いてある食材がなかったら、家にあるのもので工夫してつくってみましょう。

編者　家庭科教育研究者連盟

1966年に民間の研究団体として発足。
小、中、高校および、障害児学級や大学で家庭科教育にかかわっている教師を中心とした全国組織。
子どもが学習の主人公となれるように、ありのままの生活を中心にすえながら、家庭科の学びができるよう取り組んでいる。

2巻の執筆者

浅倉エツ子、池田瑳由美、海野りつ子、小木曽悠、栗原和子、齊藤弘子、冨田道子、中川千文、野口裕子、平形明子、伏島礼子、谷内香子、和澄鏡子

絵　大橋慶子

1981年生まれ、武蔵野美術大学卒業。
イラストレーター、絵本作家として雑誌や書籍で活動中。主な著書　『そらのうえ　うみのそこ』(TOブックス)、『もりのなかのあなのなか』(福音館書店「かがくのとも」)、『そもそもなぜをサイエンス』(全6巻、大月書店)ほか。

ひとりでできるかな？　はじめての家事❷

つぎは、おかずもつくってみよう

2018年2月15日　第1刷発行

発行者　中川 進
発行所　株式会社 大月書店
　　　　〒113-0033　東京都文京区本郷2-27-16
　　　　電話(代表) 03-3813-4651　FAX 03-3813-4656
　　　　郵便振替 00130-7-16387
　　　　http://www.otsukishoten.co.jp/
編者　家庭科教育研究者連盟
絵　大橋慶子
デザイン　株式会社 ラボラトリーズ
印刷　光陽メディア
製本　ブロケード

©2018 kateikakyouiku kenkyusyarenmei Japan
ISBN978-4-272-40722-4 C8377

定価はカバーに表示してあります。
本書の内容の一部あるいは全部を無断で複写複製(コピー)することは法律で認められた場合を除き、著作者および出版社の権利の侵害となりますので、その場合にはあらかじめ小社あてに許諾を求めて下さい。